les petites toques salées

Lenôtre

recettes pour tous
les gourmets

Réalisées par **Vincent Mary**,
professeur à l'école Lenôtre

le cherche midi

Préface de Gaston Lenôtre

Quel plaisir et quelle fierté pour moi de préfacer le deuxième tome des *Petites Toques Lenôtre*, après le succès remporté par nos recettes sucrées. Cette fois encore, c'est à Vincent Mary que revient la tâche de rassembler, pour tous les gourmets et surtout les plus jeunes, des recettes salées à la fois simples et délicieuses à déguster tout au long de l'année.

Les saisons sont de nouveau à l'honneur, car c'est un réel plaisir de cuisiner les bons produits, lorsqu'ils sont là pour nous tenter sur les étals du marché. Simples et malicieuses, ces recettes ont été testées et approuvées par des enfants de 8 à 12 ans, au sein de l'école Lenôtre du Pavillon Élysée.

La simplicité ! Toute ma vie, j'ai transmis à mes élèves et mes chefs, mes enfants et petits-enfants, le culte du bon produit cuisiné avec justesse et respect. Tous les goûts sont dans la nature, et la nature est généreuse. Choisir de bons œufs, de bons légumes, c'est la première clé du succès. Ensuite, tout est question de tour de main, de précision et d'attention. N'hésitez pas à goûter vos préparations en cours de route, c'est ce que font tous les chefs…

Je laisse maintenant le soin à Vincent Mary de vous guider à travers une année de plaisirs gourmands : petits flans de légumes du jardinier, fondue japonaise, poulet rôti farci aux petits-suisses et fines herbes ou bonbon croustillant à la tomate et au fromage de chèvre…

Lui-même père de deux enfants, Vincent a été mon élève à l'école Lenôtre, avant de devenir l'un de nos meilleurs professeurs.

La relève est assurée et c'est à vous, maintenant, de découvrir tout un monde de gastronomie.

Alors, à vos tabliers !…

sommaire

AUTOMNE

HIVER

PRINTEMPS

ÉTÉ

Petit glossaire

Cuillère parisienne : cuillère ronde servant à découper des boules.

Écumoire : longue spatule percée servant à égoutter les aliments.

Mandoline : planche métallique à plusieurs découpes servant à trancher les fruits et légumes en lamelles plus ou moins fines.

Wok : plat traditionnel asiatique, de forme creuse, destiné à la cuisson de mélange de légumes.

L'indispensable des Petites Toques

Les couverts : un couteau, une cuillère à soupe,
un couteau à pain, une louche, un économe,
une paire de ciseaux, un fouet, un pinceau,
une spatule.

Une poêle antiadhésive, une casserole,
une passoire, des bols, un saladier
et ses couverts, un plat, un plat à gratin,
des feuilles d'aluminium, un toasteur.

THYM
Châtaigne
BETTERAVE
Noix

automne

pâtes arc-en-ciel de pâtes fraîches

Pour 350 g de pâtes
Temps de préparation : 30 min
Temps de cuisson : 10 min
Repos : 30 min

Il te faut :

400 g de farine
4 œufs
2 cuillères à café de concentré de tomates (pour les pâtes rouges)
1/2 botte de persil (pour les pâtes vertes)
1 cuillère à soupe d'huile
Sel

Ustensiles :

Film alimentaire
1 rouleau à pâtisserie
1 roulette cannelée
1 machine à pâte (facultatif)

1 Mets la farine dans un saladier, fais un puits, casse les œufs et mélange progressivement en rabattant la farine du bout des doigts vers le centre. Travaille la pâte pendant 5 minutes environ et forme une boule en la roulant dans la paume de la main (tu peux ajouter un peu d'œuf battu si la pâte est trop ferme). Enveloppe-la dans du film alimentaire et entrepose-la pendant 30 minutes au réfrigérateur.

2 Tu peux varier la couleur en ajoutant à ta pâte du concentré de tomates (pour obtenir des pâtes rouges, enlever un demi-œuf de la préparation) ou du persil haché très fin dans un mixeur.

3 Pour préparer les tagliatelles : jette quelques pincées de farine sur ton plan de travail, étale la pâte très finement à l'aide d'un rouleau à pâtisserie (ou avec une machine à pâte) et forme un rectangle. Jette quelques pincées de farine dessus, puis forme un rouleau et découpe des rondelles d'1 centimètre environ, puis sépare ces lanières pour avoir des tagliatelles. Enroule-les sur elles-mêmes en petits tas (tu peux aussi utiliser une machine à pâte).

4 Tu peux cuire immédiatement les pâtes ou bien les conserver dans une boîte métallique.

5 Pour réaliser tes papillons : étale ta pâte en rectangle, de la même manière que précédemment et découpe à l'aide d'une roulette cannelée des bandes de 2 centimètres de large. Découpe ensuite ces bandes en petits rectangles de 2 x 4 centimètres et pince-les sur le milieu pour en faire des petits « nœuds papillons ».

6 Pour la cuisson, compte 10 g de sel et une cuillère à soupe d'huile pour 1,5 litre d'eau et fais cuire les pâtes pendant 5 minutes après l'ébullition.

fromage

soufflé au fromage

Pour 6 soufflés individuels
Temps de préparation : 30 min
Temps de cuisson : 25 min

Il te faut :

50 g de beurre ramolli
50 g de farine
1/2 l de lait
100 g de gruyère râpé
5 œufs
1 pincée de muscade
Sel
Poivre

Ustensiles :

1 batteur
6 moules à soufflé individuels

1 À l'aide d'un pinceau et de 20 g de beurre ramolli, beurre les moules à soufflé.

2 Dans une casserole, fais fondre 30 g de beurre, ajoute la farine et laisse cuire pendant environ 1 minute à feu doux pour sécher la préparation. Puis, ajoute progressivement le lait froid en remuant sans cesse avec un fouet. Laisse cuire le mélange pendant 1 à 2 minutes jusqu'à ce qu'il s'épaississe un peu et incorpore le gruyère. Sépare les jaunes d'œufs des blancs en les réservant dans des bols différents ; incorpore les jaunes d'œufs tout en continuant à mélanger. Ajoute la muscade, sale et poivre. Verse le mélange dans un saladier.

3 Bats les blancs d'œufs en neige bien ferme avec un batteur électrique. Ajoute-les dans la préparation et mélange délicatement avec une spatule.

4 Verse la préparation dans les moules, elle doit arriver aux deux tiers du bord, puis mets-la au four, préchauffé à 180 °C (thermostat 6), pendant 20 minutes environ. Sers aussitôt les soufflés pour qu'ils ne dégonflent pas.

chips de légumes multicolores

Pour 1 saladier de chips
Temps de préparation : 30 min
Temps de cuisson : 5 min

Il te faut :

1 betterave rouge crue
1 taro (tubercule polynésien)
1 céleri-rave
1 l d'huile d'arachide
Sel

Ustensiles :

1 mandoline
1 emporte-pièce
1 friteuse

1 Épluche les légumes ; avec une mandoline (attention à tes doigts), coupe-les en fines tranches, puis découpe des petits ronds avec un emporte-pièce de 8 centimètres de diamètre.

2 Dans la friteuse, fais chauffer l'huile doucement à 140 °C. Plonge, un par un, chaque légume dans l'huile avec une écumoire, et laisse frire quelques minutes. Les chips ne doivent pas prendre de couleur. Sors-les, égoutte-les et dépose-les sur du papier absorbant.

3 Sale les chips et déguste-les encore chaudes ou conserve-les dans une boîte hermétique.

4 Tu peux servir les chips accompagnées d'œufs de saumon, de tarama, de guacamole ou encore de tapenade.

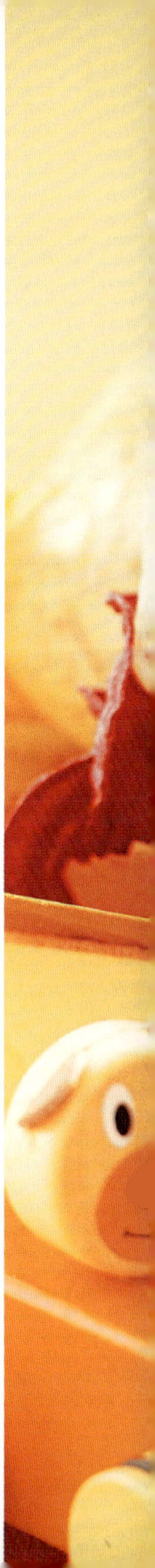

soupe à la citrouille aux éclats de châtaignes

Pour 6 personnes
Temps de préparation : 50 min
Temps de cuisson : 50 min

Il te faut :

1,5 kg de citrouille
1 oignon
1 gousse d'ail
1 cuillère à soupe d'huile d'olive
1 l de bouillon de volaille
(utilise des cubes déshydratés)
150 g de châtaignes cuites en bocaux,
sous vide ou surgelées
1 pincée de muscade
10 cl de crème fraîche liquide
Sel – Poivre

Ustensiles :

1 couscoussier ou cuiseur vapeur
1 robot ménager

1 Coupe la citrouille en quartiers, enlève l'écorce, les filaments, les graines et coupe la chair en gros cubes.

2 Dans la partie haute d'un couscoussier ou d'un cuiseur vapeur, cuis la citrouille pendant 30 à 35 minutes. La chair doit être tendre, vérifie-la avec la pointe d'un couteau.

3 Épluche et coupe l'oignon et l'ail en petits morceaux, après avoir ôté le germe de l'ail.

4 Dans une grande casserole, fais chauffer l'huile d'olive, ajoute l'oignon, l'ail et laisse cuire quelques minutes à feu moyen ; puis ajoute le bouillon, les cubes de citrouille, 100 g de châtaignes coupées en petits morceaux, la muscade, du sel et du poivre. Laisse cuire à petit feu pendant 20 à 25 minutes.

5 Hors du feu, avec un robot ménager, mixe la soupe, ajoute la crème et vérifie l'assaisonnement.

6 Parsème la soupe avec les 50 g de châtaignes restantes coupées en petits morceaux. Sers chaud.

poulet rôti farci aux petits-suisses et fines herbes

Pour 6 personnes
Temps de préparation : 30 min
Temps de cuisson : 1 h

Il te faut :

1/2 botte de ciboulette
8 branches d'estragon
5 branches de persil
150 g de cerneaux de noix
3 gousses d'ail
4 petits-suisses
1 poulet de 1,5 kg environ
4 cuillères à soupe d'huile d'olive
Sel
Poivre

Ustensiles :

1 casse-noix
Ficelle de cuisine
1 aiguille

1 Prépare la farce : lave, effeuille et cisèle toutes les herbes aromatiques. Concasse les noix. Épluche les gousses d'ail, coupe-les en 2, retire le germe et hache-les. Dans un bol, mets les petits-suisses, les herbes, les noix, sale, poivre et mélange bien pour obtenir une farce homogène.

2 Farcis le poulet et, à l'aide d'une grosse aiguille et de ficelle de cuisine, recouds-le pour bien enfermer la farce.

3 Dans un grand plat allant au four, dépose le poulet. Arrose-le d'un filet d'huile d'olive, sale et poivre. Mets le plat au four, préchauffé à 170 °C (thermostat 5-6), pendant 1 heure environ. Surveille la cuisson en arrosant régulièrement le poulet avec le jus de cuisson et ajoute un peu d'eau si nécessaire.

4 Tu peux faire cuire le poulet à la broche en utilisant le plat pour récupérer le jus de cuisson.

saumon

petits pots de rillettes de saumon et pain grillé

Pour 4 personnes
Temps de préparation : 45 min
Temps de cuisson : 10 min

Il te faut :

10 g de sel
1 feuille de laurier
300 g de saumon frais sans la peau
90 g de saumon fumé
70 g de beurre ramolli
70 g de mayonnaise
1 jus de citron
1/2 botte de ciboulette
8 tranches de baguette
Poivre

Ustensiles :

4 petits pots individuels

1 Dans une casserole, fais bouillir 1 litre d'eau avec 10 g de sel et la feuille de laurier. Ajoute le saumon frais, éteins le feu, et laisse cuire pendant 7 minutes environ. Égoutte-le délicatement avec une écumoire et laisse-le refroidir. Émiette-le dans un grand saladier.

2 Coupe le saumon fumé en tout petits morceaux.

3 Dans le saladier, travaille le beurre ramolli jusqu'à l'obtention d'une pommade ; ajoute la mayonnaise et le jus de citron, puis les deux saumons. Lave et cisèle la ciboulette, et ajoute-la au mélange.

4 Remplis des petits pots avec les rillettes et sers-les accompagnées des tranches de baguette préalablement grillées.

risotto aux champignons

Pour **4** personnes
Temps de préparation : **45 min**
Temps de cuisson : **40 min**

Il te faut :

180 g de champignons des bois
(girolles, mousserons, cèpes)
80 g de beurre
1 oignon
3 cuillères à soupe d'huile d'olive
300 g de riz rond
1 l de bouillon de volaille
80 g de parmesan râpé
Sel
Poivre

1 Épluche et lave les champignons. Émince les cèpes. Dans une poêle, fais fondre 30 g de beurre et fais cuire les champignons pendant 10 minutes à feu moyen. Sale et poivre. Égoutte-les et réserve-les.

2 Épluche et hache finement l'oignon. Dans une casserole, fais chauffer l'huile d'olive, ajoute l'oignon et laisse cuire pendant 3 à 4 minutes sans coloration. Ajoute le riz, mélange bien à la spatule pour l'enrober de matière grasse et laisse cuire encore 1 à 2 minutes. Ajoute le bouillon, préalablement réchauffé, progressivement jusqu'à ce que le riz soit cuit (la quantité de liquide peut varier selon la qualité du riz). Compte environ 15 minutes de cuisson ; puis ajoute les champignons et continue la cuisson pendant 10 minutes. Vérifie l'assaisonnement, puis ajoute le parmesan et 50 g de beurre. Le risotto doit être moelleux et onctueux. Sers-le dans des assiettes creuses bien chaudes.

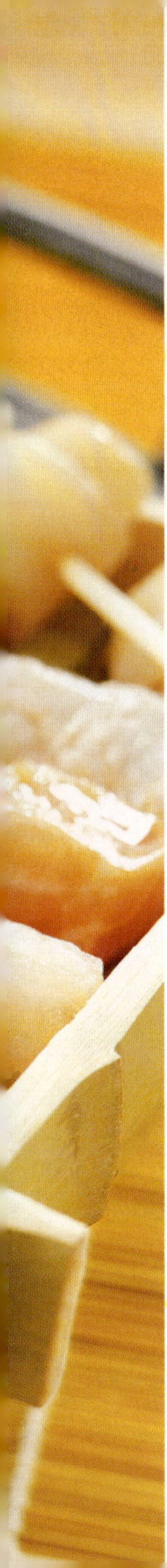

fondue

fondue japonaise

Pour 4 personnes
Temps de préparation : 30 min
Temps de cuisson : 20 min

Il te faut :

200 g de filet de thon rouge
200 g de filet de saumon
4 petits filets de soles
4 crevettes
4 langoustines
1 petite carotte
8 asperges vertes
1 petit poireau
20 g de gingembre frais
1/2 botte de ciboulette
20 graines de coriandre
50 g de germes de soja
15 g de sel
10 grains de poivre

Ustensiles :

1 wok, son réchaud et ses piques à fondue

1 Prépare les poissons : coupe le thon et le saumon en cubes de 2 centimètres. Enroule les filets de sole en les maintenant avec une petite pique en bois. Décortique les crevettes et les langoustines en veillant à laisser les queues ; retire le boyau central (petit filament noir) à l'aide d'un petit couteau en incisant sur le dessus.

2 Prépare les légumes et les épices : épluche la carotte et coupe-la en rondelles. Lave, épluche et coupe les asperges en tronçons de 2 centimètres de longueur. Lave le poireau et émince-le en veillant à ne pas garder trop de vert. Épluche le gingembre et coupe-le en fines lamelles. Lave et cisèle la ciboulette. Dans une poêle, fais colorer légèrement la coriandre et concasse-la avec un rouleau pour lui donner plus de saveur.

3 Dans un wok, verse 1,5 litre d'eau, ajoute le sel et la coriandre. Porte à ébullition, puis ajoute tous les légumes y compris les germes de soja. Laisse cuire à feu doux et à couvert pendant 15 minutes.

4 Pose au milieu de la table le wok sur son réchaud allumé, le plat avec les poissons crus. Chacun enfile les morceaux de poisson sur les piques à fondue et les cuit quelques minutes dans le wok.

5 Lorsque la fondue est terminée, tu peux boire le bouillon après l'avoir passé dans une passoire à grille fine.

hiver
hiver
POMMES DE TERRE
THYM
LAURIER

Poireaux
carottes
Echalottes
céleri

canard

parmentier de canard

Pour 4 personnes
Temps de préparation : 45 min
Temps de cuisson : 40 min

Il te faut :

800 g de pommes de terre BF15
ou Charlotte
100 g de beurre
20 cl de crème fraîche liquide
4 cuisses de confit de canard
avec leur graisse
1 oignon
1/2 bouquet de persil
50 g de gruyère râpé
30 g de chapelure
Sel
Poivre

Ustensile :

1 moulin à légumes

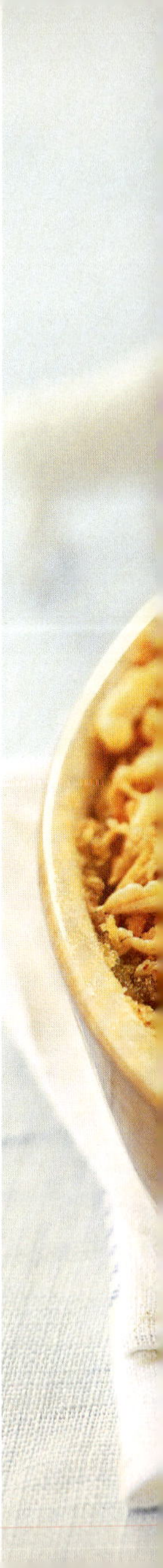

1 Prépare la purée de pommes de terre : lave les pommes de terre, mets-les dans une casserole, couvre-les d'eau, ajoute une cuillère à café de sel et fais-les cuire pendant 20 minutes environ. Épluche-les et passe-les dans un moulin à légumes. Mets la purée obtenue dans une casserole, et, sur feu doux, ajoute le beurre et la crème, mélange à la spatule et réserve.

2 Pendant ce temps : retire et réserve la graisse qui entoure les cuisses de canard, puis retire la peau, les os des cuisses et émiette la chair. Nettoie l'oignon, coupe-le en petits dés. Lave et cisèle le persil.

3 Dans une poêle, sur feu doux, mets 1 cuillère à soupe de graisse de canard, ajoute l'oignon et laisse cuire 2 à 3 minutes ; puis ajoute la chair de canard émiettée et poursuis la cuisson pendant 5 minutes environ. Ajoute le persil. Vérifie l'assaisonnement.

4 Dans un plat à gratin, étale la chair de canard, recouvre-la de purée, puis parsème de gruyère et de chapelure.

5 Mets le plat au four, préchauffé à 180 °C (thermostat 6), pendant 20 minutes environ.

6 Tu peux servir le parmentier accompagné d'une salade verte.

galettes

galettes de Bretagne

Pour 20 galettes
Temps de préparation : 30 min
Temps de cuisson : 5 min

Il te faut :

250 g de farine de sarrasin
1 pincée de sel
50 cl d'eau froide
2 œufs
1 noisette de beurre

Ustensile :

Poêle à crêpes

farine
oeufs
beurre

1 Prépare les galettes : dans un saladier, mets la farine, le sel, forme un puits et ajoute les œufs. Verse l'eau froide petit à petit en mélangeant au fouet et en veillant à bien aérer la pâte. Couvre la pâte avec un film alimentaire et laisse-la reposer au réfrigérateur pendant 2 heures.

2 Dans une poêle à crêpes, fais fondre le beurre et verse une petite louche de pâte. La crêpe doit être très fine. Laisse cuire 1 à 2 minutes de chaque côté en retournant la galette avec une spatule. Attention à ne pas trop la cuire, elle deviendrait sèche. Dès que les galettes sont cuites, pose-les dans un plat et recouvre-les d'une assiette.

3 Au moment de servir, voici quelques idées pour garnir les galettes : dans la poêle, sur feu doux, dépose une crêpe cuite pour la réchauffer. Place au centre, selon ton choix, une tranche de jambon et du gruyère râpé. Tu peux aussi garnir ta galette de la préparation suivante : poêle de la viande hachée et ajoute un coulis de tomates, des herbes, du sel et poivre ; laisse cuire 5 minutes et garnis ta galette comme précédemment. Tu peux la servir avec un œuf à cheval dessus.

4 Toutes les combinaisons sont possibles. Referme la galette en formant un rectangle, retourne-la et laisse-la chauffer encore quelques minutes à feu très doux.

veau

la blanquette de Mamie

Pour 6 personnes
Temps de préparation : 50 min
Temps de cuisson : 2 h

Il te faut :

1,2 kg de tendrons de veau coupé en morceaux
8 petits oignons
2 carottes
1 bouquet garni (2 feuilles de poireau, 1 branche de céleri, 1 feuille de laurier et 1 branche de thym)
65 g de beurre
50 g de farine
1 jaune d'œuf
12 cl de crème fraîche
200 g de champignons de Paris
1/2 citron
Sel – Poivre

Ustensile :

1 presse-agrumes

1 Dans une grande casserole, sur feu doux, place les morceaux de viande, recouvre-les d'eau froide. Dès que l'ébullition commence, retire l'écume qui s'est formée à la surface de l'eau avec une écumoire. Épluche les oignons, les carottes et coupe-les en morceaux. Dans la casserole, toujours sur feu doux, ajoute les oignons, les carottes et le bouquet garni. Sale, poivre et laisse cuire pendant 1 heure 30 environ.

2 Retire les morceaux de viande, les carottes et les oignons, égoutte-les. Passe le bouillon dans une passoire à grille fine et réserve-le.

3 Dans la casserole, sur feu doux, fais fondre 50 g de beurre, ajoute la farine, mélange avec un fouet, ajoute, petit à petit, avec une louche, le bouillon et laisse cuire 15 minutes environ jusqu'à ce que la sauce s'épaississe. En dehors du feu, ajoute la crème fraîche, le jaune d'œuf, mélange avec un fouet, vérifie l'assaisonnement.

4 Pendant ce temps : lave, épluche et coupe en quatre les champignons, selon leur grosseur. Dans une petite casserole, fais fondre 15 g de beurre, ajoute les champignons et laisse-les cuire pendant 10 min à feu doux. Sale, poivre et ajoute le jus de citron.

5 Dans un plat, mets la viande, les champignons, les carottes, les oignons, mélange délicatement, ajoute la sauce et réchauffe la blanquette sur feu doux. Accompagne la blanquette d'un riz blanc.

frites-party

Pour 4 personnes
Temps de préparation : 45 min
Temps de cuisson : 10 min

Il te faut :

8 pommes de terre Bintje
2 l d'huile de tournesol
Sel

Pour la mayonnaise :
2 jaunes d'œufs
1 cuillère à soupe de moutarde
25 cl d'huile de tournesol
1 cuillère à soupe de vinaigre blanc
1 pincée de sel
1 à 2 tours de moulin à poivre
(selon ton goût)

Pour la sauce barbecue :
2 cuillères à soupe d'huile d'olive
2 petits oignons
1 gousse d'ail
100 g de concentré de tomates
2 cuillères à soupe
de vinaigre rouge
1 petit verre de vin blanc
50 g de sauce anglaise (Worcestershire)
1 branche de thym
1 feuille de laurier
1 cuillère à café de moutarde
2 cuillères à soupe de miel
Sel – Poivre

Ustensile :

1 friteuse

1 Épluche les pommes de terre, coupe-les en tranches épaisses de 8 millimètres environ puis en bâtonnets. Dans un grand saladier d'eau chaude, lave les pommes de terre, égoutte-les, puis essuie-les dans un torchon.

2 Place les pommes de terre dans le panier de la friteuse, descends-le dans l'huile doucement et laisse cuire une première fois pendant 5 minutes. Remonte le panier. Refais chauffer l'huile à 180 °C et replonge les frites quelques minutes pour les colorer.

130°-150°C

170°C

3 Égoutte-les, mets-les dans un plat, sale-les lorsqu'elles sont encore chaudes. Déguste-les avec les sauces que tu auras préalablement préparées.

Pour la mayonnaise :

1 Dans un bol, verse les jaunes d'œufs, la moutarde, le sel et le poivre, mélange puis ajoute l'huile en filet, tout en continuant à mélanger avec un fouet et en surveillant bien que la mayonnaise durcisse. Quand toute l'huile est incorporée, ajoute le vinaigre.

2 Vérifie l'assaisonnement et garde-la au froid.

Pour la sauce barbecue :

1 Dans une casserole à fond épais, fais chauffer l'huile, ajoute les oignons et l'ail coupés en petits morceaux, après avoir enlevé le germe de l'ail ; laisse cuire 5 minutes à feu doux. Puis, ajoute le concentré de tomates et le vinaigre. Laisse cuire encore 2 minutes, ajoute le vin blanc et la sauce anglaise.

2 Effeuille le thym ; mets-le dans la sauce avec le laurier, la moutarde, le miel. Laisse mijoter à découvert pendant 5 minutes jusqu'à ce que la sauce soit crémeuse ; retire la feuille de laurier. Sale et poivre.

3 Verse dans un bol, laisse la sauce refroidir et garde-la au froid.

fromage

fondue au fromage et jambon

Pour 4 personnes
Temps de préparation : 30 min
Temps de cuisson : 10 min

Il te faut :

200 g de beaufort
200 g de comté
200 g d'appenzell
1 gousse d'ail
30 cl de vin blanc sec
1 cuillère à soupe de maïzena
200 g de jambon blanc en tranche épaisse
1 baguette de pain

Ustensiles :

1 caquelon et 4 piques à fondue

1 Coupe tous les fromages en fines lamelles.

2 Épluche l'ail et frotte l'intérieur du caquelon avec la gousse. Pose le caquelon sur feu doux, ajoute les fromages, le vin blanc et, en mélangeant avec la spatule, fais bien fondre les fromages ; puis, ajoute la maïzena, préalablement diluée avec 1 cuillère à café d'eau, et continue à mélanger pour lier la fondue.

3 Coupe le jambon en petits dés.

4 Au centre de la table, place le caquelon sur son réchaud. Coupe la baguette en petits cubes, pique un morceau de pain et de jambon, puis trempe les piques dans le fromage chaud.

raviolis d'épinards à la crème

Pour 4 personnes
Temps de préparation : 45 min
Temps de cuisson : 30 min

Il te faut :

500 g d'épinards en branche
20 cl de crème fraîche épaisse
2 cuillères à soupe de farine
300 g de pâte à pâtes fraîches (voir recette « Arc-en-ciel de pâtes fraîches » page 13)
1 œuf
Sel

Pour la sauce :
25 cl de crème fraîche liquide
80 g de parmesan râpé
Poivre

Ustensiles :

1 rouleau à pâtisserie
1 emporte-pièce rond et cannelé ou 1 tasse

1 Enlève les queues des épinards, lave-les. Dans une casserole, fais bouillir 1,5 litre d'eau avec 2 cuillères à café de sel, puis ajoute les épinards et laisse-les cuire pendant 3 minutes, égoutte-les, presse-les pour retirer toute l'eau et hache-les avec un couteau le plus finement possible.

2 Dans une petite casserole, fais bouillir la crème et laisse-la réduire de moitié à feu vif en mélangeant pour qu'elle n'attache pas ; ajoute les épinards. Vérifie l'assaisonnement et laisse refroidir.

3 Prépare les raviolis : parsème le plan de travail de farine ; avec un rouleau à pâtisserie, étale la pâte pour qu'elle soit fine et découpe des ronds de 6 centimètres de diamètre avec un emporte-pièce rond et cannelé ou à l'aide d'une tasse. Dépose au centre de la moitié des ronds un peu d'épinard. Dans un bol, bats l'œuf avec une fourchette et avec un pinceau, dore le pourtour de chaque rond, recouvre-les de l'autre moitié des ronds et presse avec les doigts pour bien les coller et former ainsi des raviolis.

4 Fais bouillir 1,5 litre d'eau avec 1 cuillère à café de sel, plonge délicatement les raviolis et laisse-les cuire 5 minutes, puis égoutte-les. Réserve-les au chaud.

5 Prépare la sauce : dans une casserole, fais bouillir la crème, ajoute le parmesan, le poivre ; vérifie l'assaisonnement.

6 Dispose les raviolis dans le plat de service, arrose-les de sauce et sers aussitôt.

moules

cassolette de moules à la crème

Pour 4 personnes
Temps de préparation : 30 min
Temps de cuisson : 15 min

Il te faut :

2 l de moules
1/2 bouquet de persil
2 échalotes
80 g de beurre
1 branche de thym
20 cl de vin blanc
100 g de crème épaisse
Sel
Poivre

Ustensile :

1 cocotte

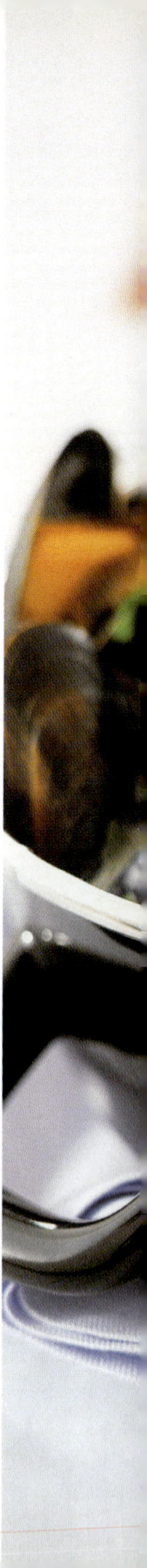

1 Lave les moules dans une grande quantité d'eau en les brassant et renouvelle l'opération plusieurs fois.

2 Lave et cisèle le persil ; épluche et hache les échalotes.

3 Dans une cocotte, fais fondre le beurre, ajoute les échalotes, le thym et laisse cuire 2 à 3 minutes. Puis, ajoute les moules, le vin blanc et, sur feu vif, laisse les moules s'ouvrir : compte environ 7 à 8 minutes, en continuant à mélanger.

4 Avec l'écumoire, retire les moules et garde-les au chaud. Passe la sauce à l'aide d'une passoire à grille fine, mets-la dans une casserole, pose-la sur feu vif, attends l'ébullition, ajoute la crème tout en fouettant. Vérifie l'assaisonnement. Remets les moules dans la marmite, verse la sauce, parsème de persil et sers aussitôt.

5 Tu peux les servir avec les frites (voir recette « Frites-party » page 50).

gratin

le gratin dauphinois de Tante Annie

Pour 4 personnes
Temps de préparation : 45 min
Temps de cuisson : 1 h

Il te faut :

1 kg de pommes de terre BF15
2 gousses d'ail
50 cl de lait
50 cl de crème fraîche liquide
1 pincée de noix de muscade
Sel
Poivre

1 Épluche les pommes de terre, découpe-les en rondelles de 2 à 3 millimètres d'épaisseur. Dispose-les dans un plat à gratin, sur une épaisseur de 4 cm environ.

2 Épluche l'ail, coupe les gousses en deux pour retirer le germe et coupe-les en petits morceaux.

3 Dans une casserole, sur feu vif, fais bouillir le lait avec la crème et l'ail. Sale, poivre, ajoute la muscade. Retire la casserole du feu, passe le mélange dans une passoire à grille fine et verse-le encore chaud sur les pommes de terre.

4 Mets le plat au four, préchauffé à 180 °C (thermostat 6), pendant 1 heure environ ; vérifie la cuisson avec la pointe de ton couteau, les pommes de terre doivent être fondantes.

ciboulette
gingembre
oignons grelots
ARTICHAU

printemps

printemps

bonbon

bonbon croustillant à la tomate et au fromage de chèvre

Pour 4 personnes
Temps de préparation : 45 min
Temps de cuisson : 30 min

Il te faut :

4 tomates
1 oignon
4 cuillères à soupe d'huile d'olive
1/2 botte de basilic
250 g de fromage de chèvre en bûche
4 feuilles de brick
8 brins de ciboulette
Sel – Poivre

Ustensiles :

Ficelle de cuisine
1 plaque antiadhésive

1 Lave les tomates, retire le pédoncule, coupe-les en deux, enlève les pépins puis coupe-les en petits dés d'un demi-centimètre environ. Nettoie l'oignon, coupe-le en fines lamelles.

2 Dans une poêle, fais chauffer 2 cuillères à soupe d'huile d'olive, ajoute les oignons, fais-les blondir, à feu doux, pendant 5 minutes en mélangeant régulièrement avec une spatule. Ajoute les dés de tomates, une pincée de sel et de poivre et continue la cuisson, toujours à feu doux, afin que toute l'eau de végétation s'évapore pendant 15 minutes environ. Pendant ce temps, effeuille le basilic, coupe-le en petites lanières, ajoute-le dans la poêle, mélange et stoppe la cuisson.

3 Coupe le fromage de chèvre en tranches fines.

4 Pose une feuille de brick sur la table bien nettoyée, retire délicatement le papier qui la recouvre (ne la laisse pas trop longtemps en dehors de son emballage car elle sèche très vite). Mets le reste de l'huile d'olive dans un petit bol, et à l'aide d'un pinceau, badigeonne chaque feuille de brick. Place, en haut de chaque feuille, le

quart du mélange tomate/oignons et dépose, dessus, une tranche de fromage de chèvre. Enroule délicatement et resserre les deux extrémités et attache-les en utilisant la ficelle de cuisine, pour obtenir la forme d'un gros bonbon. Fais la même opération pour obtenir 3 autres bonbons.

5 Pose les bonbons sur une plaque antiadhésive, mets-la au four, préchauffé à 200 °C (thermostat 6-7), pendant 8 à 10 minutes, jusqu'à ce qu'ils soient d'une belle couleur dorée.

6 Dispose les bonbons dans un plat de service, retire la ficelle à l'aide d'une paire de ciseau ; remplace-la par des brins de ciboulette. Sers chaud.

papillotes de poisson aux sept épices

Pour 4 personnes
Temps de préparation : 30 min
Temps de cuisson : 10 min

Il te faut :

2 gousses d'ail
10 g de gingembre en racine
200 g de noix de coco râpée
1 jus de citron vert
400 g de filets de lieu coupés
en cubes de 30 g
1 feuille de bananier ou papier cuisson
1 filet d'huile d'olive
Sel – Poivre

Mélange des sept épices :
1 cuillère à café de cumin en poudre
1 cuillère à café de coriandre en poudre
5 clous de girofle
5 graines de cardamome
1 cuillère à café de cannelle en poudre
1 feuille de laurier
1 pincée de noix de muscade

Ustensiles :

1 moulin à café ou 1 bol mixeur
1 presse-agrumes
Piques en bois
1 cuiseur vapeur (ou 1 couscoussier)

1 Prépare le mélange des sept épices : dans un petit moulin, par exemple, moulin à café, broie les épices, passe ce mélange dans une passoire à grille très fine. Réserve-le.

2 Épluche les gousses d'ail et le gingembre. Dans le bol d'un mixeur, mélange la noix de coco, les gousses d'ail, le gingembre, le jus de citron vert, 130 g d'eau, une cuillère à café rase du mélange des sept épices, sel et poivre. Réserve ce mélange dans une assiette creuse.

3 Découpe des rectangles de 8 centimètres par 12 centimètres dans la feuille de bananier (tu peux les remplacer par du papier cuisson). Roule les cubes de poisson dans la préparation à base de noix de coco, de manière à le recouvrir entièrement. Dépose chaque morceau sur le rectangle de feuille de bananier, replie les quatre côtés et maintiens les papillotes bien fermées avec des piques en bois. Pose les papillotes dans le panier d'un cuiseur vapeur ou dans la partie haute d'un couscoussier pendant 10 minutes environ.

4 Sers aussitôt les papillotes accompagnées de riz parfumé (thaï, basmati) et d'un filet d'huile d'olive.

petits flans de légumes du jardinier

Pour 12 petits flans
Temps de préparation : 50 min
Temps de cuisson : 50 min

Il te faut :

Pour la pâte à flan :
4 œufs – 4 jaunes d'œufs
50 cl de crème fraîche liquide
30 g de beurre
Sel – Poivre

Pour la purée de petits pois :
300 g de petits pois écossés
15 g de sel

Pour la purée de carottes :
300 g de carottes
15 g de sel

Ustensiles :

1 mixeur
Petits moules ronds en aluminium de 6 centimètres de hauteur

1 Prépare la pâte à flan : dans un saladier, mélange à l'aide d'un fouet les œufs avec les jaunes d'œufs. Ajoute la crème, un peu de sel et un peu de poivre. Répartis-la dans deux bols.

2 Prépare la purée de petits pois : lave les petits pois ; fais-les cuire dans 1 litre d'eau avec le sel pendant 7 à 8 minutes environ. Égoutte-les et mixe-les pour obtenir une purée.

3 Prépare la purée de carottes : épluche les carottes, coupe-les en petits morceaux ; fais-les cuire dans 1 litre d'eau avec le sel pendant 15 à 20 minutes. Égoutte-les, mixe-les pour obtenir une purée, puis laisse refroidir.

4 Mélange séparément les purées de légumes avec la pâte à flan. Avec un pinceau, beurre les moules puis verses-y chaque préparation en laissant 3 à 4 millimètres en haut des moules.

5 Dans un grand plat rectangulaire allant au four, mets de l'eau, place les moules ; l'eau doit arriver jusqu'à mi-hauteur. Mets au four, préchauffé à 150 °C (thermostat 5), pendant 20-25 minutes ; le flan doit être ferme sous ton doigt. Démoule-les après 2 à 3 minutes.

cake aux olives et aux lardons

Pour 8 personnes
Temps de préparation : 30 min
Temps de cuisson : 50 min

Il te faut :

100 g d'olives vertes dénoyautées
100 g de lardons allumettes nature
3 œufs
250 g de yaourt
1 cuillère à café de sel
160 g de farine
1 sachet de levure chimique
10 centilitres d'huile d'olive
150 g de gruyère râpé
1 cuillère à soupe de beurre ramolli

Ustensiles :

Papier absorbant
1 moule à cake

1 Coupe les olives en petits morceaux.

2 Dans une casserole, fais chauffer de l'eau. Quand elle bout, ajoute les lardons et laisse cuire pendant 2 minutes, égoutte-les dans une passoire, refroidis aussitôt sous l'eau froide et dépose-les sur le papier absorbant.

3 Dans un saladier, casse les œufs, mélange-les à l'aide d'un fouet ; ajoute le yaourt, le sel, mélange. Puis, ajoute, petit à petit, la farine et la levure, préalablement mélangées, en remuant avec une spatule. Lorsque la pâte est bien lisse, ajoute l'huile, le gruyère, les lardons ébouillantés et les olives en morceaux.

4 À l'aide d'un pinceau et du beurre ramolli, beurre le moule. Remplis-le aux trois quarts. Mets-le au four, préchauffé à 180 °C (thermostat 6) pendant 40 à 45 minutes. Vérifie la cuisson avec la pointe de ton couteau. Elle doit être sèche.

5 Démoule le cake, dépose-le dans le plat de service, laisse refroidir et découpe-le en tranches.

croque

le croque de Monsieur Gaston

Pour 4 croques
Temps de préparation : 30 min
Temps de cuisson : 10 min

Il te faut :

1 ananas frais
100 g de crème fraîche épaisse
200 g de gruyère râpé
1 pincée de noix de muscade
8 tranches de pain de mie
4 tranches de jambon blanc
4 tranches de gruyère (40 g chacune)
Sel
Poivre

Ustensiles :

1 batteur électrique
1 plaque antiadhésive
4 grandes piques en bois

1 Enlève la peau de l'ananas à l'aide d'un couteau, puis découpe les tranches d'ananas, enlève la partie centrale appelée bois et découpe chaque tranche en petits bâtonnets.

2 Dans le bol, mets la crème, le gruyère et mélange quelques minutes au fouet pour obtenir un mélange homogène. Ajoute le sel, le poivre et la noix de muscade. Répartis également ce mélange dans 4 petites tasses.

3 Pour réaliser le montage d'un croque : tartine 2 tranches de pain de mie avec le mélange crème/gruyère contenu dans une tasse. Sur une des moitiés, dépose une tranche de jambon blanc, parsème avec le quart de l'ananas en bâtonnets. Puis, pose une tranche de gruyère et referme ton croque en posant la 2e tranche, côté tartiné sur le gruyère. Étale sur le dessus du croque le reste de la préparation d'une petite tasse. Refais trois fois la même opération pour 3 autres croques.

4 Dépose délicatement les 4 croques sur une plaque antiadhésive et mets-les au four, préchauffé à 180 °C (thermostat 6), pendant 10 à 12 minutes.

5 Coupe-les en dés et pique-les sur des petites brochettes en bois.

œuf

œuf à la coque et ses mouillettes surprises

Pour 4 œufs à la coque
Temps de préparation : 15 min
Temps de cuisson : 10 min

Il te faut :

Une baguette de pain
4 œufs extrafrais
Sel – Poivre

Pour les mouillettes au tarama :
100 g de tarama
Un petit pot d'œufs de saumon

Pour les mouillettes au fromage et à la ciboulette :
Quelques brins de ciboulette
100 de fromage frais
Sel – Poivre

Pour les mouillettes de poitrine fumée :
4 fines tranches de poitrine fumée

Ustensiles :

4 coquetiers

1 Coupe la baguette en morceaux de 10 centimètres de long ; puis coupe-les en 2 dans le sens de la hauteur. Fais-les griller très légèrement dans un toasteur, laisse-les refroidir, puis coupe chaque tranche dans le sens de la longueur.

2 Prépare quatre mouillettes au tarama : étale le tarama sur 4 bâtonnets grillés, puis garnis-les d'œufs de saumon. Réserve-les.

3 Prépare quatre mouillettes au fromage et à la ciboulette : coupe la ciboulette en petits bâtonnets à l'aide d'une paire de ciseaux. Dans un bol, mélange le fromage frais, la ciboulette, un peu de sel et de poivre. Étale ce mélange sur 4 bâtonnets grillés. Réserve-les.

4 Prépare quatre mouillettes de poitrine fumée : coupe les tranches de poitrine fumée en bâtonnets, mets-les dans une poêle antiadhésive sur feu vif et fais dorer la poitrine. Réserve-les au chaud.

5 Prépare les œufs à la coque : dans une casserole, mets 1 litre d'eau, 1 cuillère à café de sel et, sur feu vif, attends l'ébullition. En t'aidant d'une cuillère à soupe, dépose délicatement les œufs dans l'eau bouillante. Laisse cuire 3 minutes. Sors les œufs délicatement et plonge-les dans l'eau froide pendant 1 minute pour stopper la cuisson. Dépose-les dans les coquetiers.

6 Pour ouvrir les œufs, utilise la pointe d'un couteau, enfonce-la délicatement et fais-la tourner pour enlever la partie supérieure. Ajoute un peu de sel avant de tremper tes mouillettes.

quiche aux légumes de printemps

Pour 6 personnes
Temps de préparation : 50 min
Temps de cuisson : 50 min

Il te faut :

300 g de pâte feuilletée (en disque)
1 cuillère à soupe de chapelure
1 cuillère à soupe de beurre ramolli

Pour la garniture de légumes :
150 g de petites carottes fanes
450 g de petites courgettes
100 g d'oignons grelots
1 petit poireau
2 fonds d'artichauts cuits
4 cuillères à soupe d'huile d'olive
1/2 botte de coriandre
Sel – Poivre

Pour la crème à quiche :
7 œufs
600 g de crème liquide
1 pincée de noix de muscade
Sel – Poivre

Ustensiles :

1 rouleau à pâtisserie
1 moule à tarte de 22 centimètres de diamètre

1 Prépare la garniture de légumes : lave et épluche les carottes, le poireau ; lave les courgettes, coupe-les en quatre dans le sens de la longueur, retire les graines intérieures, coupe-les en morceaux de 2 centimètres environ. Épluche les oignons. Coupe les fonds d'artichauts en 8. Lave et effeuille la coriandre. Dans une poêle, fais chauffer l'huile d'olive, ajoute les légumes, fais cuire pendant 8 minutes à feu vif en remuant régulièrement avec une spatule pour éviter qu'ils ne se colorent ; ajoute du sel, du poivre. Les légumes doivent rester légèrement croquants. Égoutte-les dans une passoire et laisse-les refroidir. Puis, ajoute les feuilles de coriandre, mélange délicatement.

2 Pose la pâte feuilletée sur la table, humidifie-la avec un peu d'eau à l'aide d'un pinceau, parsème de chapelure et passe légèrement le rouleau pour la faire adhérer. Beurre un moule à tarte, place la pâte côté chapelure contre la plaque, laisse les bords dépasser d'1 à 2 centimètres à l'extérieur.

3 Dans un saladier, mélange, avec un fouet, les œufs, ajoute la crème liquide, le sel, le poivre et la noix de muscade.

4 Garnis le fond de la tarte avec les légumes et rabats légèrement les bords vers l'intérieur. Mets au four, préchauffé à 170 °C (thermostat 6), pendant 20 à 25 minutes environ, pour cuire le fond de la tarte. Sors-la du four, ajoute le mélange œufs/crème jusqu'à hauteur des légumes et remets-la au four à 160 °C (thermostat 5-6) pendant 15 à 20 minutes. La crème ne doit plus être liquide. Laisse tiédir avant de démouler.

poisson

marmite du petit pêcheur

Pour 6 personnes
Temps de préparation : 50 min
Temps de cuisson : 1 h

Il te faut :

Pour la soupe :
400 g de rouget-grondin
1 vive de 300 g
1 blanc de poireau
1 carotte
1 oignon
1 échalote
4 gousses d'ail
2 cuillères à soupe d'huile d'olive
1 branche de fenouil
1 branche de thym
1 écorce d'orange
1 cuillère à soupe de concentré de tomates
1 pointe de couteau de safran
6 pommes de terre
Sel
Poivre

Pour la garniture de la marmite :
200 g de filets de congre (coupés en 6 morceaux)
200 g de filets de dorade (coupés en 6 morceaux)
200 g de moules
200 g de filets de bar (coupés en 6 morceaux)
6 petits filets de rouget
1 baguette de pain
1 gousse d'ail
100 g de gruyère râpé
1 petit pot de « rouille »

Ustensiles :

1 cocotte
1 moulin à légumes

1 Demande à ton poissonnier d'écailler, de préparer tous les poissons et de te laisser la tête et les queues.

2 Prépare la soupe : coupe le rouget-grondin et la vive en morceaux ; lave le poireau, épluche la carotte, l'oignon, l'échalote, coupe-les en petits morceaux ; écrase les gousses d'ail sans les éplucher. Dans une cocotte, fais chauffer l'huile d'olive, ajoute les légumes, le sel et laisse-les cuire 10 minutes à feu doux. Puis, ajoute les têtes et les queues des poissons, la vive, le rouget-grondin, l'ail préalablement

écrasé, le fenouil, le thym, l'écorce d'orange, le concentré de tomates, le safran, du sel et du poivre. Laisse cuire 5 minutes environ, à feu doux, sans laisser colorer. Ajoute 1,5 litre d'eau et continue la cuisson à petits bouillons pendant 35 à 40 minutes. Enlève les grosses arêtes et l'écorce d'orange et passe le tout au moulin à légumes. Réserve la soupe.

3 Pendant ce temps, épluche et lave les pommes de terre. Dans une casserole, mets 2 litres d'eau, du sel, et, sur feu vif, fais cuire les pommes de terre pendant 20 minutes.

4 Avant de servir, prépare la garniture de la marmite : remets la soupe sur le feu, ajoute le congre, la dorade et les moules préalablement lavées. Continue la cuisson à petit feu pendant 5 minutes, puis ajoute les filets de bar, de rouget et les pommes de terre. Laisse cuire encore 5 minutes.

5 Au dernier moment, coupe des tranches de baguettes, fais-les griller au toasteur, frotte-les avec la gousse d'ail épluchée.

6 Présente la soupe dans la cocotte, accompagnée de gruyère râpé et de rouille.

ile d'
Olive
AUBERGINE
TOMATES
CONCOMBRE

POIVRON JAUNE
été
été
AIL
POIVRON
COURGETTE

tacos

assiette de tacos des « muchachos »

Pour 6 tacos
Temps de préparation : 30 min
Temps de cuisson : 25 min

Il te faut :

1 oignon blanc
2 tomates
10 feuilles de laitue
2 cuillères à soupe d'huile d'olive
200 g de bœuf haché
15 cl de coulis de tomates
1 pincée de coriandre en poudre
200 g de cheddar râpé
6 coquilles de maïs (tacos)
Sel
Poivre

Ustensile :

1 plaque de four

1 Épluche l'oignon et coupe-le en petits morceaux. Lave les tomates, coupe-les en deux, enlève les graines et coupe-les en petits carrés d'1/2 centimètre environ. Lave les feuilles de laitue.

2 Dans une poêle, fais chauffer l'huile d'olive, ajoute l'oignon et fais-le dorer quelques minutes. Puis, ajoute le bœuf, le sel, le poivre et poursuis la cuisson pendant 5 minutes en remuant. Ajoute le coulis de tomates, la coriandre, laisse cuire pendant 10 minutes environ.

3 Dans un petit bol, mélange les dés de tomate avec le cheddar. Garnis les coquilles de maïs avec la farce et le mélange tomates et cheddar ; dispose-les sur une plaque allant au four. Mets-les au four, préchauffé à 180 °C (thermostat 6) pendant 5 minutes.

4 Dispose aussitôt les tacos dans le plat de service et dépose sur chacun une feuille de laitue. Sers aussitôt.

5 Tu peux réaliser cette recette avec des filets de poulet coupés en petits dés !

petits farcis niçois

Pour 4 personnes
Temps de préparation : 45 min
Temps de cuisson : 25 min

Il te faut :

2 petites courgettes rondes
2 petites aubergines
2 petits poivrons verts
2 petits poivrons rouges
Sel
Poivre

Pour la farce :
1/2 poivron rouge
1/2 courgette
200 g de champignons de Paris
1 gousse d'ail
2 petits oignons
2 cuillères à soupe d'huile d'olive
200 g de chair de veau hachée
1/2 botte de basilic
1/2 botte de ciboulette
1 tranche de pain de mie
80 g de parmesan râpé
2 œufs
Sel
Poivre

Ustensiles :

Papier absorbant
1 robot ménager

1 Lave les courgettes, les aubergines, les poivrons, découpe le « chapeau » et creuse l'intérieur des légumes avec une cuillère parisienne.

2 Prépare la farce : lave le poivron rouge, enlève les pépins et découpe-le en morceaux ; lave et coupe la courgette en morceaux ; nettoie, lave les champignons et sèche-les dans un papier absorbant ; épluche l'ail et les oignons. Dans un robot ménager, hache tous les légumes.

3 Dans une poêle, fais chauffer l'huile d'olive, ajoute les légumes hachés et fais-les cuire pendant 5 minutes environ. Ajoute la chair de veau, le sel, le poivre, et poursuis la cuisson 5 minutes puis verse le tout dans un saladier. Laisse refroidir.

4 Effeuille le basilic, coupe-le ainsi que la ciboulette à l'aide d'un ciseau. Dans le saladier, avec la farce refroidie, ajoute la tranche de pain de mie émiettée, le parmesan, les herbes et les œufs. Mélange le tout avec une spatule.

5 Garnis les courgettes, les aubergines et les poivrons avec la farce. Remets les chapeaux. Mets le plat au four, préchauffé à 180 °C (thermostat 6), pendant 20 à 25 minutes.

gaspacho

gaspacho de tomates et petits cubes croquants

Pour 4 personnes
Temps de préparation : 30 min
Pas de cuisson

Il te faut :

Pour le gaspacho :
800 g de tomates bien mûres
1/2 poivron rouge
1 petite gousse d'ail
80 g de ketchup
2 cuillères à soupe de vinaigre de Xérès
30 cl d'eau minérale
15 cl d'huile d'olive
Sel – Poivre

Pour les petits cubes croquants :
2 tranches de pain de mie
1 gousse d'ail
1/2 concombre
1/2 poivron rouge
1/2 poivron vert

Ustensile :

1 bol mixeur

1 Prépare un saladier avec des glaçons et remplis-le d'eau. Fais bouillir de l'eau dans une casserole, incise légèrement les tomates, plonge-les 10 secondes dans l'eau bouillante, puis mets-les directement dans le saladier d'eau glacée. Sors-les au bout de quelques minutes, égoutte-les, enlève la peau, coupe-les en deux et retire les graines.

2 Lave le poivron, coupe-le en morceaux. Épluche la gousse d'ail.

3 Dans le bol du mixeur, mets les tomates, le poivron, le ketchup, le vinaigre, l'eau, l'huile, la gousse d'ail, du sel et du poivre. Mixe pendant 2 à 3 minutes. Mets le gaspacho dans un grand saladier et réserve-le au réfrigérateur.

4 Prépare les garnitures et réserve-les dans des petits bols séparés : toaste le pain de mie, frotte-le avec la gousse d'ail et coupe-le en petits cubes. Épluche le concombre, coupe-le en petits cubes. Lave les poivrons, coupe-les en petits cubes.

5 Sers le gaspacho dans un verre avec un filet d'huile d'olive accompagné des petits cubes croquants.

thon

hamburger Côte d'Azur

Pour **4** hamburgers
Temps de préparation : **30 min**
Temps de cuisson : **5 min**

Il te faut :

4 petits pains ronds
1 tomate
4 feuilles de laitue

Pour les steaks de thon :
400 g de thon rouge frais
1/2 oignon
1 tomate
1/2 bouquet de persil plat
100 g de mozzarella
2 jaunes d'œufs
1 cuillère à soupe de câpres
1 cuillère à soupe de ketchup
1 filet d'huile d'olive
Sel – Poivre

Ustensiles :

1 robot ménager
1 plaque de four

1 Prépare les steaks de thon : coupe grossièrement le thon, retire les filaments blancs. Nettoie et coupe l'oignon en petits dés ; coupe la tomate en tranches ; hache le persil. Tranche la mozzarella et réserve-la.

2 Dans un saladier, mélange, avec une spatule, le thon, les jaunes d'œufs, les câpres, l'oignon, le persil, le ketchup, du sel et du poivre. Divise le mélange en 4, forme des petits steaks, dépose-les sur une plaque allant au four, badigeonnée d'huile d'olive ; recouvre-les d'une tranche de mozzarella et arrose-les d'un filet d'huile d'olive. Juste avant de servir, mets-les au four, préchauffé à 180 °C (thermostat 6), pendant 5 à 6 minutes environ : la chair du thon doit rester rouge à l'intérieur.

3 Coupe en 2 les petits pains. Fais de même avec la tomate et frotte-la sur la mie des petits pains.

4 Sur une moitié de pain, dépose une feuille de salade, le steak de thon encore chaud, une rondelle de tomate et ferme avec l'autre moitié de pain.

la paella des Petites Toques

Pour 8 personnes
Temps de préparation : 50 min
Temps de cuisson : 40 min

Il te faut :

1 poivron rouge
1 poivron vert
1 oignon
4 cuillères à soupe d'huile d'olive
6 pilons de poulets
200 g d'anneaux de seiche
300 g de riz
2 doses de safran
1 l de bouillon de volaille
(avec cubes déshydratés)
1/2 l de moules
200 g de crevettes roses
150 g de chorizo
80 g de petits pois écossés
1 citron jaune

Ustensiles :

1 grande poêle à paella
1 presse-agrumes

1 Lave les poivrons et coupe-les en lanières. Nettoie l'oignon et coupe-le en fines lamelles. Dans une grande poêle à paella, fais chauffer l'huile d'olive et fais cuire le poulet pendant une dizaine de minutes. Retire le poulet, mets les seiches, laisse-les cuire pendant 5 minutes et retire-les. Puis mets l'oignon et laisse cuire 2 minutes, juste pour la coloration ; puis ajoute les poivrons, mélange avec une spatule et laisse cuire, à feu vif, 2 à 3 minutes. Ajoute le riz, mélange bien afin qu'il s'imprègne de la matière grasse, puis saupoudre de safran.

2 Remets le poulet, les seiches et verse le bouillon de volaille de façon à ce que tous les ingrédients soient recouverts. Ajoute les moules, après les avoir lavées, les crevettes roses, le chorizo coupé en rondelles et les petits pois.

3 Couvre la poêle d'une feuille d'aluminium et laisse cuire, à feu doux, pendant 20 minutes. Tu peux mélanger de temps en temps et ajouter un peu de bouillon si le riz reste ferme. Déguste la paella arrosée d'un jus de citron.

avocat

cœur de laitue et pinces de crabe

Pour **4** personnes
Temps de préparation : **45 min**
Pas de cuisson

Il te faut :

1 tomate
1/2 pamplemousse
1 avocat
Jus d'1/2 citron
1 cœur de laitue
1/2 cuillère à café
de vinaigre balsamique
2 cuillères à soupe d'huile d'olive
4 pinces de crabes
Quelques brins de ciboulette
Sel – Poivre

Pour le crabe à la crème :
15 cl de crème fraîche liquide
1 cuillère à soupe
de vinaigre de vin
1 cuillère à café
de concentré de tomates
250 g de miettes de crabes
Sel – Poivre

Ustensiles :

1 cuillère parisienne
4 coupes

1 Lave la tomate, coupe-la en deux, enlève les graines et coupe-la en petits dés. Épluche le pamplemousse et, avec un petit couteau, sépare les quartiers. Coupe l'avocat en deux, retire le noyau central ; avec une cuillère parisienne, fais des petites boules d'avocat puis arrose-les de jus de citron.

2 Prépare le crabe à la crème : dans un grand bol, mélange la crème, le vinaigre de vin, le concentré de tomates, un peu de sel et de poivre. Ajoute les miettes de crabe, mélange et réserve le tout au frais.

3 Lave, sèche le cœur de laitue. Dans un saladier, mélange le vinaigre balsamique, l'huile d'olive et un peu de sel.

4 Au moment de servir : ajoute la laitue dans le saladier et mélange-la. Répartis la laitue dans les coupes, dépose au centre le quart du crabe à la crème, quelques billes d'avocat, le pamplemousse, les dés de tomate, dépose une pince de crabe et décore avec quelques brins de ciboulette.

brochettes de bœuf sauce tzatziki

Pour 8 brochettes
Temps de préparation : 30 min
Temps de cuisson : 5 min

Il te faut :

600 g de contre-filet de bœuf
1 oignon
1 poivron rouge
1 branche de thym

Pour la sauce Tzatziki :
1 concombre
3 gousses d'ail
500 g de yaourt
1/2 botte de ciboulette
1 filet d'huile d'olive
Sel
Poivre

Ustensiles :

1 mixeur
8 piques à brochettes
1 pierrade

1 Prépare la sauce tzatziki : lave, épluche le concombre, puis hache-le grossièrement au couteau, ajoute le sel et mélange. Dépose le concombre dans une passoire, laisse-le égoutter pendant 20 minutes, puis presse-le un peu pour enlever l'eau.

2 Épluche l'ail. Dans un saladier, mélange le concombre avec le yaourt, l'huile d'olive, l'ail, le sel, le poivre et la ciboulette coupée en fins bâtonnets avec une paire de ciseaux. Réserve au froid.

3 Prépare les brochettes : découpe le bœuf en gros dés de 3 centimètres environ. Nettoie et découpe l'oignon en quartiers. Lave et épépine le poivron, coupe-le en gros dés de 2 centimètres. Sur des piques à brochettes, enfile les morceaux de bœuf en les intercalant avec des morceaux d'oignon et de poivron. Parsème avec le thym effeuillé.

4 Fais-les cuire sur une pierrade (ou au gril du four ou sur un barbecue) et accompagne-les avec la sauce Tzatziki présentée individuellement dans des petits verres.

taboulé

taboulé de quinoa et noix de Saint-Jacques

Pour **4** personnes
Temps de préparation : **45 min**
Temps de cuisson : **20 min**

Il te faut :

250 g de grains de quinoa (appelé aussi riz des Incas)
1 bâton de citronnelle
20 g de gingembre frais
1 oignon rouge
1 botte de coriandre fraîche
3 cuillères à soupe d'huile d'olive
2 jus de citron vert
1 cuillère à café de sauce soja
30 g de pignons
200 g de noix de Saint-Jacques
8 tomates cerises
Sel
Poivre

Ustensile :

1 râpe (pour le gingembre)

1 Lave le quinoa sous l'eau froide, égoutte-le dans une passoire, mets-le dans une casserole avec 60 centilitres d'eau froide et le bâton de citronnelle fendu en 2 dans le sens de la longueur. À l'ébullition, laisse cuire 15 minutes environ (les graines doivent rester légèrement fermes sous la dent). Égoutte le quinoa, retire le bâton de citronnelle, verse-le dans un saladier et réserve-le au frais.

2 Prépare la sauce : épluche et râpe le gingembre ; nettoie l'oignon et coupe-le en fines lamelles ; effeuille la coriandre. Dans un bol, verse l'huile d'olive, le jus de citron vert, la sauce soja, le gingembre, du sel et du poivre. Verse la sauce sur le quinoa bien frais, ajoute la coriandre, l'oignon rouge et mélange le tout.

3 Dans une poêle antiadhésive, à feu doux, fais colorer les pignons en les remuant souvent. Réserve-les dans une assiette.

4 Dans la même poêle, fais colorer les noix de Saint-Jacques des 2 côtés. Sale et poivre légèrement.

5 Dépose les noix de Saint-Jacques sur le taboulé, décore de tomates cerises coupées en quatre et parsème de pignons.

Index

remerciements gourmands :

Patrick Scicard pour son appui et sa confiance renouvelée ; Alexandra Peyromaure pour son énergie et son implication ; Philippe Gobet et Jean-Bernard Fichepain pour leurs conseils éclairés ; Christelle Mary pour son soutien constant ; Laurent, Jean-Paul et Yong pour leur participation enthousiaste.

Photographies : **Loïc Nicoloso**

Stylisme : **Catherine Nicolas**

Illustrations originales : **Cathy Doutreligne**

Conception graphique : **Corinne Liger-Marie**

Adaptation graphique et réalisation : **Anne-Danielle Naname**

Achevé d'imprimer, en août 2006 sur les presses de l'Imprimerie Moderne de l'Est
à Baume-les-Dames (Doubs)
N° d'éditeur : 75812
Dépôt légal - 1re publication : septembre 2006
Librairie Générale Française - 31, rue de Fleurus - 75278 Paris Cedex 06
ISBN : 2-253-13049-4 - 1re publication - LGF
ISBN : 978-2-253-13049-9 - 1re publication - LGF

30/1779/5

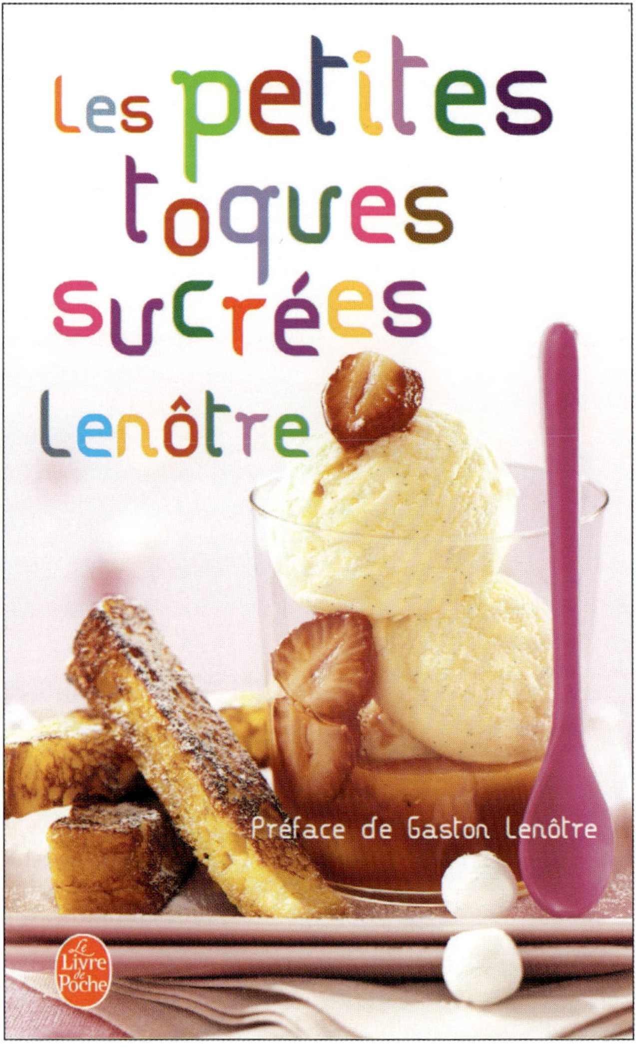
Les petites toques sucrées
Lenôtre
Préface de Gaston Lenôtre
Le Livre de Poche